# PÁLPITO

ERNESTO DELGADO

# PÁLPITO

XXXVI Premio Internacional de Poesía
Fundación Loewe a la Creación Joven

VISOR LIBROS

VOLUMEN MCCXIX DE LA COLECCIÓN VISOR DE POESÍA

Los miembros del jurado fueron: Víctor García de la Concha (Presidente), Gioconda Belli, Antonio Colinas, Aurora Egido, Juan Antonio González Iglesias, María Negroni, Carme Riera, Jaime Siles, Luis Antonio de Villena y Reiniel Pérez Ventura (ganador de la anterior convocatoria).

Cubierta: A. García Andrés. *Alegoría de las musas*



Edición al cuidado de Nicole Brezin


Isaac Peral, 18 - 28015 Madrid
www.visor-libros.com

ISBN: 978-84-9895-519-4
Depósito Legal: M-1343-2024

Impreso en España - Printed in Spain
Gráficas Muriel. C/ Investigación, n.º 9. P. I. Los Olivos - 28906 Getafe (Madrid)

*A Nidia Mendinueta Treto y*
*Georgia Hilda Hernández León*

*Yo no sé escribir y soy un inocente.*
*Nunca he sabido para qué sirve la escritura y soy un inocente.*
*No sé escribir, mi alma no sabe otra cosa que estar viva.*

Gastón Baquero

## PÁLPITO

Mira, abajo la nube negra cubre al relámpago
sumergido,
medidor del magma y los eléctricos minerales.
Encima, tierra acumulada mostrando
la súbita raíz impactante, el esparcimiento
de espigas condensadas.
Tierra y cielo, puños del aire.
Tierra y cielo, dos gemelas intercambiándose vestidos.
Y el aire como un espejo sosteniéndose
en la luz y sus costumbres.
Mira al relámpago rajar el polvo.
Mira a la raíz reventar en comienzos.
Mira al azogue mostrándose en la lejanía.
Raíz y relámpago nos apuntan:
percátate de que llevas el imán del misterio,
de lo creciente como fósforo en la madera.
Mira a los potros sacudirse la noche
como el águila se sacude los espacios.
Entremos a donde se juntan lo inverosímil y lo probable.
Entremos al fósforo para revelarnos.
Desconociendo aún
por qué el todo se reúne en lo impalpable.
Desconociendo el todo
a la vez que me rodea con su tribu de señales.

Y percibo la corrida del fuego hacia el fuego señalando
puertas,
entre los por cuánto y los aquellos y los entonces
que justifican los ahora, los posibles y lo doliente.

## EL INOCENTE

Al oscurecerse la tarde
adquieren las cosas una extraña solemnidad.
Un respeto a la llegada triunfal de la noche
como un ejército que vuelve napoleónico.
Qué podría saber yo, yo que de pronto me quedo
pegajoso de silencio, entre los árboles y las piedras
y las aguas que también miran fijamente hacia arriba.
Yo que de pronto tomo el color de la hojarasca
y como un niño en las fiestas
toco los árboles, las piedras, el agua,
como halando y halando en vano la ropa de los mayores
para que me muestren el espectáculo de lo primigenio:
un águila perpetua gira en círculos sobre las cosas.
Lo visible y lo ignorado negocian energías,
negocian transparencias como en un mercado clandestino.
Los ruidos se ponen de gala para recibir a la noche.
La luz rueda hasta donde yo juego.
Las hojas se envuelven en sus sotanas.
La realidad entona un himno indescifrable.
El tiempo se vuelve dictadura.
Mi tamaño es de fango y me rompo al crecer;
mis ojos son de fango y lo que borroso veo
deja marcado su pie cuando me pasa por la mirada.
Se me hacen piedras las manos un instante de piedra.

Se me hacen hojas los oídos un instante de hojas.
Son ríos mis pies en un instante de ríos.
Y todo es viento y es noche y es himno.
Todo se inclina reverenciando y me inclina.
Yo quiero mirar dentro de la armonía.
Pero las cosas me empujan hacia atrás por mi tamaño.
Pero las cosas me apartan de su pálpito.
Pero las cosas solo me dejan jugar con el silencio.

## OSCURIDAD

Baja hasta el fondo donde mi sombra
se ata al musgo y yo doy con los otros.
Baja hasta el fondo donde expurgo mis huesos
y las raíces de la humedad borran sus signos.
Estoy en la última oscuridad divisada,
en la última oscuridad mía.
Y la derrota gotea
y mi grito se iguala al musgo
y mi grito escarba en mi grito, inútilmente.
Los días se alargaban como una función
sobre la silla en que debía yo sentarme.
Y yo de pie, de amargo pie en el festín donde todos
comían.
Riéndose, conquistándose, aplaudiendo.
Y yo entré a buscarme un sitio
y lo único en mí era un animal hecho de rejas.
Un animal girando sobre sus muertes.
La bestia desató su boca
y me vi saliendo otra vez de mí
como si me echaran esposado de mi madre.

## MATERNIDAD LUMINOSA

Nuestras manos fueron cortadas por el hacha del mediodía. Nunca quiso el sol verte en sus dominios. Si te asomas, pega el hacha su hierro hirviente contra tu pecho. Ah, enemiga del día, por ley has tenido que ocultarte de la luz, que entra en las cosas desesperadamente para dañarte. Tuviste que ver cómo volvían a crecer mis manos sin que las tuyas retoñaran. Tú existías en las sombras alumbrando toda la casa. Pero yo no entendía cómo alguien que encandila y alivia, alguien que vuelve dorado lo común y vuelve sonora la pobreza podía ser exiliada. Es por ley natural, decían simplemente los sabios de bata blanca. Ahora que veo el mundo desde la alfombra delirante de mi cabeza, he hallado como una piedra preciosa aquello que los sabios nunca supieron: dos astros gemelos jamás deben aparecer juntos sobre la tierra, destrozarían lo invariable y lo armónico. Por eso sería una catástrofe que salieras a la mañana: porque cuando tú apareces, madre mía, ya no nos hace falta el sol.

# ÍNSULA

Mi escudera, soy un Quijano entre los molinos del mundo. Rodeado de barberos y de curas, deliro la realidad y tú me escudas. He visto a un hombre ser azotado, me he visto defenderlo hasta hacerlo libre y en vez de victorioso salí derrotado. He caído de mi caballo por un golpe de asta pero tú me escudas. Me han amarrado a la verdad de los otros como a una silla de la que silenciosamente me desatas. Vinieron a quejarse de mi demencia y solo tú te quedaste. Yo salía con mi armadura y tú ibas a mi lado, sobre el burro de tu pobreza ibas. Nada entendías de mí, tú solo me escudabas. Tú solo me escudas. En una taberna me nombraron caballero, pero es solo en tu pecho donde lo soy. Cuando trepo a mi bicicleta descolorida como a la silla de un flaco Rocinante, cuando me ajusto el pulóver de oscurecida malla y el maletín de armadura, cuando la gorra cae en mí como un casco y la comida en mi mano es una adarga; cuando voy a partir olvidadizo y delirante, cuando me palpo ahuecado para amar a los otros: entonces tú, escudera mía, desde el fondo de los años, sales apurada para alcanzarme el pecho.

## LA CAJA

¿Qué hay después de esas aguas, madre? Para responderme, mi madre miraba tímida a los alrededores y con su voz más pequeñita me repetía: Creo que el mundo. Teníamos que hablar con una voz pequeña, porque a algunos les molestaba una conversación escandalosa. Vivimos dentro de una caja, para protegernos nos encerraron en una caja color miseria, le digo con una voz más pequeñita a mi madre.

Tenemos que andar de rodillas para que nuestras cabezas no se revienten contra el techo. Cuando pregunté por esos que caminaban de pie por la caja, reuniéndose y aplaudiendo, mi madre explicó que eran nuestros cuidadores. Hubo temporadas en que los cuidadores hacían un grito espantoso y los hombres del fondo tenían que acudir. Es que le puede entrar agua a la caja, decía mi madre con su voz más pequeñita.

Mi madre que me alimentó con su bondad recién horneada en el vapor del trópico. Mi madre que se acostumbró a caminar sin rodillas. A veces la caja se balancea y nos cae arriba la miseria, y se rompen las lámparas y quedamos oscuros. Los cuidadores dicen que es el oleaje. Pero yo sé que la caja es solo un trozo de vieja madera a la deriva. Un trozo de vieja madera flotando por flotar. No sabemos nuestra latitud. Dentro de una caja todo es siempre igual. Llevo una adolescencia contando los barrotes. A la fuerza, los otros arrodillados abrieron huecos en las paredes más gastadas, pequeños huecos para mirar qué hay fuera, qué hay después de estas aguas. Cuando nosotros abrimos nuestro hueco, la luz humedeció los ojos de mi madre, los humedeció tanto que no podía mirar. Entonces le expliqué el presente con mi voz más pequeñita: Vivimos dentro de una caja que se pudre. Estamos condenados a caminar sin rodillas de un barrote al otro, estamos condenados a ser convencidos. A golpearnos uno contra los otros en el vaivén de los días. A mirar con asco los alrededores, el olor a ruinas. A soportar el peso de la miseria. A vivir como animales domesticados. Porque eso es todo lo que se puede hacer dentro de una caja.

## CÍRCULOS

He visto al pequeño en su cuna lamentar lo desconocido,
moverse de su hora a su rastro como el tigre
que mira también lo desconocido entre rejas.
Rejas como desgracias o muertes.
He visto al pequeño de un lado al otro,
de un tigre al otro y no encontrar más que rejas.
Así, miserablemente se ha movido el hombre.
Se mueve el hombre.
Al niño y al tigre los ampara la inocencia.
Pero el hombre se descubre girando en sus propias
desgracias.
El hombre ronda la vida por tramos.
La ronda de un niño al otro,
de un tigre al otro,
de una miseria a la otra.
De reja a reja el hombre arrastra su cavidad,
la arrastra desde el niño que fue hasta el tigre que va
siendo.
El hombre maldice como rugido o llanto su polvo
detenido,
su polvo de envejecer en cada reja.
Es un espacio enumerado por lástimas,
por esperas, por concesiones.
Me he mirado tantas veces detrás de las mismas rejas

que ahora lo sé:
mis días son un círculo lento y enrejado
en el que nunca sabré por qué giro
ni cuando dejaré de girar.

## CERCOS

Rodeado por la edad que seré y esta muerte
como hiena encadenada
restregando su hocico en las vidas que me escudan.
Miope de lo invisible,
mis ojos le dan forma a lo que aman y le dan un brillo.

Bajo las tumbas nos descomponemos en pedrería.
Piedras vienen buscando los otros,
para eso nos escarban;
nos abren el silencio con una pala y una promesa.
Qué hace el tiempo sino saquearnos
porque estas son sus minas.

Cada edad es un capataz en nuestra sangre,
cada edad pesa porque viene con un pico,
para que nos cavemos
hasta el fondo de la memoria
mientras la muerte pasa oliéndonos.

Este miedo de tambores enemigos,
este reconocerme
en el rostro de quien me invade,
este ser mi propia hiena.
Las escucho devorar en el fondo de los días

el rastro que la cordura deja.
Yo miro hacia las cosas
y solo veo hienas escarbando,
escarbando hondo
donde los aviones dejaron caer sus intestinos
como cabezas de titanes decapitados.

Solo es mi edad otro enemigo aislándome
de las vidas que me escudan,
mientras la paz huye con todos los rostros,
todas las bocas,
todas las piedras que he sido.
Yo vengo del dolor como un soldado
que vuelve de todas las guerras.

## SIGNOS

Hay signos invariables
silbando su soliloquio en el misterio.
Y números sumergidos que creemos azar.
Y leyes soterradas, a veces espléndidas,
que cruzan como enemigos por nosotros.
Si vieras la brevedad que somos.
Si vieras lo que es mirarte,
acorralado por el universo,
esquivando desgracias como golpes.
Si vieras la fatalidad del mundo, ese musgo que mancha
 la noche
y del cual arranco trozos y trozos que se me hacen
 piedras,
se me hacen palabras, se me hacen hondas
con las que me defiendo del tiempo y la muerte,
con las que te defiendo a ti de no saber
por qué no todo es una alegría interminable.
Si supieras lo que es escucharte
dentro de un pozo desolado.
Un pequeño pozo al que baja la noche
como un vaho frío, como una araña
de sedienta ponzoña.
Si sintieras este nacer y morir dentro de un pozo,

sobreviviendo al aguijón, temblando de angustia,
alimentándonos con miedo y sobras de miedo,
húmedos de tanto llanto,
de tanto subir piedras y piedras
o la misma piedra que hemos estado subiendo siempre.

# EL LAMENTO

¿Qué ganaría un hombre con enseñar su lamento si ningún oído va a desviarse de su labor para escucharlo? El hombre anda con su lamento encima como un pesado equipaje. Nadie le ayudará a cargarlo porque cada quien lleva su propio equipaje. Pero el tuyo siempre parece el más enorme, el más incómodo. No puedes soltarlo, está cosido a tu brazo como el aire al día. Si los teólogos te vieran desde su lugar común te dirían que tu lamento te pesa como una cruz al hombro, pero en verdad te pesa como un equipaje: porque la cruz te redime, pero el equipaje te agobia, el equipaje crece con cada día que echas en él; días sucios y días recién planchados, días que no quedarán nunca limpios, pero debes usarlos porque son tus únicos días.

¿Qué logra un hombre con mostrar la cicatriz del equipaje si todos tienen una? Solo algunos también fatigados por el peso de su equipaje te darán un puñado de ánimos como almohadillas para tus hombros. Pero nada ganarás con repetirle a las cosas tu lamento, nadie lo escuchará como tú necesitas que lo escuchen, nadie te aplaudirá por soportarlo, nadie vendrá a sacar del equipaje las libras que le sobran, y aun así necesitas seguir enumerando tu lamento, y sigues, sigues arrastrando tu equipaje como se arrastra por el suelo una espada cuando ya no la puedes sostener.

# LA MISERIA

La miseria es niña y no crece.

Cuando pequeños, mi hermano y yo jugábamos con ella como se juega con una prima muy cercana. Nadie más podía verla, solo mi hermano y yo veíamos aquel pelo gris y esa mirada histérica que nos hacía llorar a veces. De tanto agarrarnos a ella para caminar nos acostumbramos a su frío, a la humedad que eran sus dedos. Por eso nos sudan tanto las manos. Un día la miseria puso en el techo a un par de gorriones y les dio de comer telarañas y semillas de cemento. La escoba de mi madre los ahuyentó como un carabinero a un par de gitanos y la miseria se vengó manchando con sus pies amarillos las paredes de la casa. Otro día trajo del patio un tizón y dibujó detrás de las puertas y en la sala unos símbolos que nunca desciframos.

Ya solo me conmuevo de mí para conmoverme de ella. Ya solo la miro y de pronto sus ojos se levantan al descuido y sigue jugando. A veces viene misteriosa y me devuelve algún pulóver que le sirvió de almohada. O juega ensimismada con las cosas mías, con el monedero de mi madre, con los zapatos de mi abuela.

Hay ratos en que se pierde y aparecen las monedas en el monedero de mi madre y aparecen los panes, la alegría y la ropa. Luego vuelvo a encontrarla, jugando en el suelo con mis cosas, como si nunca se hubiera ido. Me mira un momento y levanta los hombros como inocente de existir. Entonces baja la cabeza y sigue jugando, ensimismada.

## CAVILACIONES

*Entre el vacío y el sueño.*

Stéphane Mallarmé

Toda la infancia jugando a ser un dios y no saberlo. En una casa que tiene forma de universo les dimos nombres a las cosas, las destruimos o las cuidamos poniéndolas en un destino a nuestro gusto. Les inventamos sonidos y muertes y sonidos. Un día de cólera hundimos nuestros juguetes en un cubo de agua o de un manotazo los desmembramos como si la mano fuese una piedra encendida que cae al descoser el cielo. Nos pasamos una adolescencia creándonos: el dios que fuimos nos sopla y nos ronda. Un vago día nos sorprende desafiándolo y nos expulsa. De tu mano va la edad y dentro de ella los sonidos y el silencio. El sonido y el silencio pastorean tu mundo, uno apuñala al otro siempre; pero cuál de los dos será el oscuro, eso depende de cuál fue tu preferido. Envejeces intentando comprender al dios que fuiste. Los psicólogos te dan su sermón y su mirra, pero nada te devuelve la inocencia. Cada mes sobre tu casa cae azufre y fuego. Cada día los otros te condenan y crucifican. Un reloj te hala duro hasta sacarte de los muertos. Combates una guerra de dioses entre antiguos dioses desterrados. Solo cuando la muerte comienza a expurgarte, solo entonces te repasas y como un río recordado vuelves a entrar en la inocencia para mojarte los pies una tarde apenas. Solo entonces descubres que cuando pequeño en verdad jugabas contigo a ti mismo: eras el juguete y eras la mano ordenando sobre el juguete. Viviste entre el vacío y el sueño como entre un infierno y un paraíso. Entraste y saliste de ambos como ir de tu cuarto a la cocina. Y jugaste, jugaste tanto tiempo a ser divino que todo lo juzgas con la mirada de un dios.

## SABIDURÍA

Entre tus cosas está la sabiduría.
Mientras duermes se queda quieta sobre ti. Si pongo a
orear el cuerpo
y me echo con los ojos en paz para que tú me acojas,
la sabiduría chilla en mi oído y en mis ropas.
Con la paciencia que me has remendado diariamente
y con este silencio vacío siempre, voy detrás de la sabiduría
hasta atraparla: en la torpeza riego o destrozo
los dolores amontonados como ropa sucia.
Porque mis hambres son las del tigre, pero mis manos
son las de un hombre tras la sabiduría.
Y entonces cuando la atrapo voy a ti redimido
como quien trae una piedra preciosa y eso basta.
Tú la miras con azoro, por lo estropeada que la traigo,
y sigues existiendo entre las cosas que no sé mirar.
Mientras bajo la lupa de mi asombro miro la sabiduría,
la miro hasta romper mi silencio y no saber que ha
escapado,
que al descuido en cualquier tela,
en cualquier ser, en cualquier suceso,
está callando para que nosotros la encontremos.

## DESNUDEZ

Las escaleras y las sillas están desnudas.
El desnudo de los cojines
y el de las tablas permanecen esperándonos.
Desnudas las repisas,
las mesas del comedor,
las bañaderas y las ventanas.
Desnudas permanecen como no supimos nosotros
permanecer.
Si te recuestas en ellas te acogen como un cuerpo
desnudo,
puedes hasta escucharles el palpitar nervioso,
el quedarse quietas luego de ser tocadas.
Si el hombre se parece a un dios,
no es cuando hace nacer del hierro y la madera a estos
muebles,
estos pisos, estas mesas que permanecen inclinadas,
estas ventanas que esperan a ser tocadas para abrirse.
Desnudas permanecen las cosas, desnudas,
sordamente desnudas deberían permanecer.
Pero el pudor nos crece como miopía en los ojos:
a los muebles les echamos tapices encima,
los pisos los cubrimos con alfombras,
les ceñimos cortinas a las ventanas,
cuadros a las paredes, manteles a las mesas.

Hay que pasar como un dios que pregunta
por qué están desnudas las cosas,
por qué no se avergüenzan de su desnudez
como nosotros de la nuestra.
Vestimos a las cosas que nos esperan
como se les echa ropa encima
a las más ardientes prostitutas.

## PERMANENCIA

Yo me dejaría en los otros como un plato o un abrigo.
Porque están enfermos, enfermos de tener uñas y lenguas.
Allí donde jamás me esperan,
donde se agrupan sin conocerme,
donde me conocen y mal,
allí yo iría a entregarme como una noticia.
Miren por los huecos de mis manos, les diría;
examinen el clavicordio de mis huesos,
tiene su humanidad intacta.
Allí donde abunda el pesado idioma de la ceniza,
yo iría a pedirme.
Denme vidas,
denme nombres,
denme sombras, redes,
denme los pies del que ha saltado sobre la luna
como en el colchón de una cama recién comprada;
yo les pido sus oquedades,
sus enterradas noches, sus pedrerías.
Yo soy como un pálpito en medio de las cosas,
alrededor de mí arde lo vivo.

## LO VIVO

Donde escucho un palpitar envío mis sentidos para auscultarlo. Da igual que suene como un látigo o una polea, da igual si es un pensamiento solo, un galopar solo; yo quiero escuchar lo vivo como se escucha en la ubre de las vacas el fluir del tiempo; yo quiero mirar lo vivo como los telescopios que hurgan en hatillos de sombras, como los microscopios que miran dentro del origen. Yo quiero palpar lo vivo como palpo los cuerpos de mi mujer hasta petrificarla, como se palpa el rostro de una madre hasta saberla cierta; yo quiero oler lo vivo como se huele el perfume de la infancia desde los cerros de la memoria; yo quiero degustar lo vivo, beberme lo vivo, decantarlo y conservarlo en un tarro de niebla. Yo salgo hacia ti, esperanza, yo insisto en auscultarte; otros me hacen reposando de mis apellidos y mis ahoras pero yo estoy insistiendo, sonámbulo de sentidos, estoy insistiendo en auscultarte. Yo te agarro en mis manos y pesas igual que una vieja espada. Yo te acerco a mi boca y hueles igual que una vieja espada. Yo te pruebo y tienes el sabor a bronce de las batallas. Yo te llamo con la boca de todos tus muertos, yo te limpio con la sangre de todos tus muertos, yo golpeo contigo al horror como el horror golpeó a tus muertos; y no lates, pesas en mis manos como pesa lo muerto cuando se levanta desde el suelo hacia la tumba: así te devuelvo yo desde mis manos hacia el altar donde otros te velan. Así traigo yo lo vivo como ofrendas para que despiertes, esperanza que todos blanden y luego devuelven en pedazos y ponen en mis manos insomnes como ponen a un enfermo grave, sin pálpito, en las manos de un médico que solo sabe auscultar.

# EL ENFERMO

*Un día enfermas de otra latitud.*
FRANK ABEL DOPICO

Enfermas de otra latitud, del cáncer de otra latitud, como un exiliado sin exilio. Toses otra latitud, te duelen las latitudes. Te duelen las ciudades y costumbres que el tiempo ha devorado porque el tiempo es el cáncer de las cosas. Pero más te duelen las ciudades que no has devorado. Las hembras y las calles, los templos y bahías, los ríos que engordan de empujar el progreso, los ríos que engordan de ser nombrados: todo esperando que lo devores. Todo esperando que lo devores, pero es a ti a quien devoran. El cáncer de latitudes es el cáncer más extraño. Nos va comiendo los ojos, nos deshila la memoria hasta que somos ajenos a todo lo hilado por el sistema. Hasta que otras tierras y la tierra que eres son dos cantos buscándose. Eres el enfermo que necesita devolverse a lo terrenal para luego devolverse a sus costumbres. Tu cura es el viaje, el viaje sin reposos. Tu cura es el viaje, pero no hay cura. Todas las calles y los cerros, todo lo breve y lo perdurable te pertenecen y a la vez no son tuyos. Estás enfermo de mundo. Estás enfermo de un país enfermo. Tú naciste enfermo de belleza: naciste con un agujero en el alma y solo se llena vaciándole el mundo dentro. Naciste enfermo de belleza y te echaron a los barrotes; los limpios verdugos que fingen ser reyes o empresarios te echaron con asco a los barrotes. A que te alimentaras de tus muertes. A que padecieras esta realidad invariable, a eso te echaron. No sabían tus verdugos que ya estabas condenado a padecerla, que es estar condenado a disfrutarla. Que al padecerla la vuelves otra y al disfrutarla la vuelves poesía. Que la poesía es tu alivio, tu único alivio, porque tú naciste enfermo de belleza.

## HOSPITALES

De los hospitales se sale a rezar como Jesús en Getsemaní, mientras los otros fríamente duermen. La muerte está soplando y la soledad te hace pequeño. Sales otra vez y rezas, pero nadie responde. El destino nos incomunica. Pides que pase de ti la copa, y ya el llanto te ha manchado como un vino. Las salas del hospital se sacuden como árboles, una noche de espera basta para rezar en cada una. Sientes palos y gritos. Te sientes el traicionado.

De los hospitales se sale como un papa del cónclave cuando alguien se te ha muerto. Una noche te hace envejecer hasta convertirte en el escogido: el sumo pontífice que da su mensaje de paz por la pérdida de la paz en tu mundo. Afuera está la familia como una multitud en espera de la misa. Debes anunciar lo terrible y debes repartir la misericordia. Debes explicarles el plan de Dios, el primitivo plan, que todavía no acabas de entender.

## EL DOLOR Y EL CANTO

Pongo mi dolor a cantarme:
lo encierro en mi oído y me duermo doliéndome.
Cuando despierto, la jaula está abierta pero no está abierta,
es un canto que duele después, por eso no tiene alas;
es solo un canto que duele después.
Pero tú no tienes alas, tú solo dueles.

Pongo mi dolor a cantarme tu dolor
con ese chillido de la demencia
que te escuché soltar en el alambre de la camilla.
Así, con ese chillido, entró la muerte en tus huesos
como entra el aire en diciembre por las paredes de los pobres.
Así, con ese chillido, caíste rígida y solemne, carcomida estatua.
Así cantan las hojas cuando el viento las arrastra por los patios.
Es el mismo canto que lanzabas entre las cucharas de aluminio
para que las sombras de la noche fueran cabizbajas hacia el fondo de la casa
con sus hocicos sucios por los huesos tirados en el portal de tus años.
Tú dejas mi oído abierto para que yo te escuche existir.

Por eso pongo mi dolor a cantarme tu dolor.
Yo estoy lleno de pichones,
mi dolor pone huevos en tus muertes.
Tu canto y mi canto chocan, no se reconocen y se siguen buscando:
desde siempre mi dolor cantó en tu oído y no lo reconocías,
desde siempre cantó junto al tuyo en la jaula de la vida.
Siempre cantó en tu cama de hospital, cantó hasta tener plumas,
hasta posarse en las alambradas con que me cercan y condenan.
Canta fuerte para que yo lo reconozca y encierre.
Pero tu dolor no me deja escucharlo.

## ÁGUILA

Posada sobre todo lo vivo,
el águila gira brusca su cabeza brusca
buscando nacimientos, esperándolos.
Y luego asciende y cae en su vuelo,
dibujando el círculo de todo lo que nace.
Todo lo naciente tiene un águila
que le hace señas a las cosas que nos encuentran.
El águila toma la forma de tu espíritu
para que puedas entender el idioma de su vuelo.
Un día se posa cerca de tus ojos esperando,
esperando que empieces a nacer.

## LA CAÑADA

He vuelto a la cañada ajena y familiar
desvelando al que soy en busca del que añoro:
niño que debe ser la orilla de la cañada,
nunca la noche cayendo como una bota sobre ella,
porque aquel niño llevaba de aliento una minúscula
lámpara de aceite
en la que el sol se iba incendiando como un mapa
hasta quedarse ardiendo en los ojos
como la mano de mi padre cuando se despide.
La cañada creyéndose río intacto, creyéndose mar que
escapa,
cuando no es más que una infancia sin leyendas, sin una
piedra que asombre,
sin un asombro que sacrificar sobre la piedra del recuerdo.
Cañada sin más nombre que un suceso,
por donde pasaba el tiempo agrandándose, ajeno y familiar.
Básteme decir que ahora los días pasan por ella
insoportables y breves.
Básteme decir que la cañada era el retrato de los que
vivíamos como ella, estancados.
Básteme decir abuela, tu delantal de cañada dura,
bueno para espantarse la muerte, no la miseria.
Básteme anunciar que ahora la cañada es el tiempo, el
lunes que pasa

por detrás de las casas, y la muerte es el vecino más
cercano,
que vuelve tan natural, tan siempre ahí, para irnos
llevando las pertenencias,
para sentarse en los sillones de polvo y costumbres.
Y ya se ha perdido, abuela, el delantal de ahuyentarla.
La cañada es el tiempo que habitamos.
El tiempo es solo un inocente encerrado en su propia
infancia, ávido de pasar,
como en un juego, por las cosas, desconocedor de lo que
destruye,
de lo que se lleva y no devuelve. El tiempo, al ser la
cañada,
va pasándose él mismo por encima olvidando que se ha
pasado por encima.
Es otra cañada la que pasa sobre la que estuvo,
descubriendo nuevamente
el fondo fosforescente de las cosas.
En mi frente confluyen las aguas que la humanidad ha
magnificado,
cada arruga un manantial o río o cañada, da igual
cualquier forma
que ensaye el tiempo para hacerse visible a nosotros, para
que saquemos
de él alguna piedra de lo que fuimos, algún juguete que
ya lo aburre
y devuelve roto o salvable, pero nunca intacto. En la
cañada que soy
busco al que fui y añoro, y paso ajeno y familiar,
entre cañaverales que fueron lo vivido

y las orillas donde siempre están los hombres con sus
ganas y sus miedos,
llorándose sobre el pañuelo de la fe y luego exprimiendo
la fe
de la que solo salen silencio y esperas.
No soy más que una cañada pasando por las cosas, que
solo ha visto
la muerte y los instantes reveladores que le anteceden,
que solo tiene en sus adentros las piedras de lo profético,
y el dolor que entra y sale como una rana de mis fondos.
Básteme decir que he destrozado las orillas de mi época
por sonar a cenizas y a dígitos y a intemperie.
Básteme decir que esto es el tiempo y también la muerte;
nosotros despertamos encerrados en él,
inexplicables narcisos de sus orillas, de estos círculos
interminables,
hechos con la materia que no creció para definirse;
materia inconsciente y abarcadora:
materia de secreta y sonámbula razón que el propio
tiempo desconoce.

# ÍNDICE

Esta primera edición de
*Pálpito*
se acabó de imprimir
el 25 de enero de 2024
en Madrid.